Nicole Durand

Traces de vie

Poèmes

MALEBRIC

Entre deux gouttes de pluie
De toutes ses fenêtres
La maison me sourit.
L'eau fait renaître
La tête tendre des buis.
Là viennent se repaître
Les oiseaux ivres de vie.

ATTENTE

Trois pignes sur la mousse d'un banc
Attendaient le retour des enfants.
Vite, qu'ils reviennent, dit l'une d'elles
Que je puisse m'envoler à tire d'aile
À travers le blanc et rose des fleurs.
Vite, dit l'autre, que vienne la peur
Lorsqu'ils me jettent dans le champ du voisin
Vite, dit la troisième, que j'aille comme la fleur de lin
Orner la vasque vide de printemps.
Trois pignes, sur la pierre moussue d'un banc,
Se languissaient des garnements.

MES FILLES A LA MER

Et trottinent sur la plage
Les porteuses de coquillage
Trottin trotta
Rosi rosa
La nacre étincelle
La colonie est belle
Les mains remplies
Redonnent la vie.
La mer est à l'envers
Sur le rocher désert.

RETOUR

Sous le soleil, le Roussillon
Fait le dos rond.
Les villages fleuris
Paraissent endormis.
Les vignes, mutines
Grimpent la colline.
Le château des Cathares
Sur l'éperon rocheux, veille comme un phare.
L'Ariège, aux nombreux troupeaux
Nous offre le repos.
Les tournesols de chez nous
Rendent le retour plus doux.

LES PORTEUSES DE DIEU

Elles portent Dieu
Comme on porte un enfant.
L'orage a lavé les cieux
La ruche s'affaire au couvent.
Le rire fait éclater le silence pieux ;
La joie se lit sous les voiles blancs
Et peut rendre envieux
Le pèlerin fatigué mais consentant.
À la fenêtre le pêcher jette un adieu.
La vie, là-bas, attend...
Elles portent Dieu
Comme on porte un enfant.

MES FILLES ET LE GRENADIER

Des grenades
Au grenadier
Promenade
Dans le passé.
Encore et encore,
Les petits doigts picorent
Les fruits rouge et or,
Dans leur écrin vermeil.
Mes souvenirs s'émerveillent
À voir ces têtes en éveil.
Au pied du grenadier
Mon cœur s'est pacifié.

AU BALCON DE BELLEDONNE

Au balcon de Belledonne
La montagne se donne.
Au pied de la Chartreuse
L'âme devient amoureuse.
Tout au long du torrent
La framboise nous attend.
Et le parfum des épicéas
Nous ouvre tout grand les bras.

EMPITRAC

Tout au long des prés
Les agiles araignées
Étendent leurs toiles
Souples comme des voiles.
Elles se balancent doucement
Sur ce tapis verdoyant.
L'oiseau murmure
Sur la ramure.
À contre-saison
Chante le grillon.
Le soleil de janvier
En est tout retourné.
Au-dessus du lac aux couleurs variées
hisse fièrement le clocher.

RÉSURRECTION

Compagnon de l'ombre
Tu as déposé les armes.
Dans les soirs sombres
Elle a essuyé tes larmes
Ta compagne, dans la pénombre.
Le Seigneur, sans vacarme
T'a libéré et sans encombre.
Non, jamais l'espérance ne désarme.

LA MAISON BLEUE

L'allée de cyprès
Mène à la maison bleue
Aux rêves heureux.
L'Italie est si près !
Le banc d'autrefois
Invite à la joie
Près de la verte parure
Où le passé se murmure.
La terrasse aux primevères sauvages
Ouvre sur l'horizon une nouvelle page.

TU ES VIVANT !

À peine je te connaissais :
La haie nous séparait.
L'hiver s'en est allé
L'appel est venu, tu n'as pas résisté.
Toi si jeune et beau et gentil
Pourquoi tu es parti petit ?
Le temps aidant
Le printemps nous reprend
La haie s'habille en mariée :
Tu as trouvé ce biais
Pour nous faire signe,
Tel le chant de la vigne.
« Mort, où est ta victoire ? »
Je te porte dans moi, comme un ciboire.

LA VIE... LÀ-BAS

MADININA (l'île aux fleurs)

À l'ANSE MITAN,
Les voiliers rythmaient le temps.
À FORT DE France, éclataient
Odeurs et couleurs des marchés antillais.
Au Nord, des vaches faméliques, enchaînées
Dressaient leurs cornes vers le MONT PELE.
Le monument aux mille morts pétrifiés
Pleurait de longues larmes d'acier.
Le chemin exultait de balisiers.

Tirer avec les pêcheurs les filets
Où peu de poissons frétillaient.

Dans l'église du DIAMANT, des gens pieux
S'amarraient au vaisseau de Dieu.
Aux SALINES, sur la plage,
Le soleil des Tropiques faisait rage

Se régaler de boudin
Sur les marches de VAUCLIN.

Le rhum coulait gaiement
Dans l'habitation CLEMENT.
Sous le bercement des Alizés,
Le temps s'était arrêté.
Aux TROIS-ILETS, le parc floral
Nous invitait au bal.

Au son du tam-tam déchaîné,
Les corps, par la danse habités,
Retrouvaient leur liberté.

Il faisait beau
Dans l'île aux oiseaux
Ils venaient picorer menu
Dans la main de l'amie, de loin venue.

HISTOIRES DE LUNE

ÉCLIPSE

Un sourire en demi-lune
Une étoile dans les yeux
Tues au bord des cieux.
Le soleil est embrassé par la lune.
Elle le couvre de son ombre
Étend un peu de pénombre.
Mais le soleil a repris le dessus.

Le 11 août 1999

Le soleil avait rendez-vous avec la lune

NOTRE SŒUR LA LUNE

24 décembre 1999

Sur les monts de Judée
La lune s'est levée
Pleine et argentée.
Elle offre son halo immense
Comme d'amour une danse
Un amour grand comme une danse.
Elle éclaire le thym odorant
Dans la nuit du Moyen-Orient
Apaisant ce pays de pierre et sang.
Elle lui donne un cœur d'homme
Comme sur une plaie un baume.

LA LUNE ROUGE

21 avril 2000
La lune s'est drapée
Dans son halo vert
Dans le froid de l'hiver, peu à peu elle s'est voilée,
Se couvrant de rouge mordorée
Joyau au cœur moiré.

AUTOMNE EN ARAGON

Sur la pente aux couleurs d'automne
Les isards au pelage gris paissent l'herbe bonne.
Dans la turquoise de l'eau
Où se penche l'or des bouleaux,
Nagent les truites paisiblement.
Et soudain, tels des éclairs d'argent
Hors de l'eau bondissent
Des moucherons se saisissent
Et d'un coup de queue replongent habilement.
Appuyés au parapet
Nous contemplons ce ballet.
Les aigrettes, de leurs ailes grises
Frôlent l'eau et s'immobilisent
Graciles
Dans leur île.
L'abuelo et son troupeau
Nous offre un beau tableau

PROMENADE AUX SOURCES

Tout au long de la gargante
Elle traînait sa savate béante.
Le rio bleu-vert
Lui parlait de sa grand-mère
Carmencita la guapa
Si pauvre y hermosa
Au son de l'eau cristalline
Elle retrouvait ses racines.
Dans la pierre ocre du canyon
Elle cherchait le meson
De son abuela
Si tendre y pura.
C'était dans le haut Aragon.

LE DON DU NIL

Quand le Nil se fait tendresse
Les oiseaux s'y nichent en creux
Quand le Nil se fait caresse
Ses berges tremblent un petit peu.

J'ai attrapé l'Amour à Philae
Et mon cœur, en deux, s'est coupé

Quand le Nil se fait hardiesse
Il bondit comme un jeune dieu
Quand le Nil se fait paresse
Il devient lac aux mille feux.

J'ai attrapé l'Amour à Philae
Et mon cœur, en deux, s'est coupé.

Quand le Nil se fait tristesse
Il pleure son amour malheureux
Quand le Nil se fait ivresse
Il pétille comme un jour heureux.

J'ai attrapé l'Amour à Philae
Et mon cœur, en deux, s'est coupé.

Quand le Nil se fait noblesse
Il s'habille de temples merveilleux
Quand le Nil se fait richesse
Ses poissons sont amoureux.

J'ai attrapé l'Amour à Philae
Et mon cœur de vie a éclaté.

ARC-EN-CIEL

COULEUR VIOLET

La nuit s'avance à petits pas.
À travers la vitre de la maison
Habitée de nos mains à l'unisson
Les hauts arbres ouvrent leurs bras.
Moi, mon cœur est en prison
Emmuré dans ses retraits, ses trahisons.
Il est tout meurtri, ne le bouscule pas
Au bord du chemin, il est à l'abandon
Comme un champ sans moisson.
Viens, Amour, lui parler tout bas
Tu peux même entrouvrir la porte à tâtons
Elle grincera un peu sur ses gonds.
Si tu veux, il peut devenir crèche où tu renaîtras.

COULEUR BLEUE

Des yeux qui s'ouvrent à l'infini
Fenêtres d'un bleu paradis
Le ciel était entré dans le bureau.
Sur la colline aux oiseaux
Le printemps nous avait saisis :
Il éveille mon cœur endormi
Pour de vieux os
Quel renouveau !

COULEUR JAUNE

C'était à l'heure des cigales.
Elles donnaient leur aubade
Nous parant d'une onde musicale.
Et montait vers le ciel notre Désirade.
Au balcon de notre cœur malade
La Mère tissait un divin voile.
À l'heure des cigales
Je goûtais le ciel à régalade.

ARC-EN-CIEL

Par une journée de neige
De soleil, de bleu étincelant
Soudain, il a surgi dans le ciel,
Sur fond de bribes de nuages.
En otage, il a pris le soleil,
L'enserrant dans un étau de beauté parfaite
Sur tons dégradés de bleu, rose, mauve, doré.
Et du soleil prisonnier
Tombèrent des rayons glacés.

COULEUR GRIS CENDRE

Après avoir passé
Tout l'hiver à hiberner
La marmotte
La tête haute
Se dresse sur le rocher.
Rapide, elle se glisse
Vers l'herbe à réglisse
Et la savoure au soleil
L'oreille en éveil.

COULEUR MARRON

Où t'en es-tu allé
L'ours des Pyrénées ?
Dans la vallée d'Ossau ou de la Neste ?
Tes pas invisibles nous restent
Ta présence habite la nature
Et change notre ballade en aventure
Tu as enlevé ta fiancée
Et l'a cachée dans les fourrés.

COULEUR OCÉAN

Rocailleuses, en mots éloquents
Ces mains parlent, rompues par les éléments,
Des durs combats
Contre les frimas
Douces, elles disent les huîtres naissantes
Et se font alors caressantes.
Elles ravaudent avec amour
Le filet où grandiront un jour
Bien à l'abri, dans les mailles
Les huîtres ; ces mains vaille que vaille
Iront les chercher en gazaille.

COULEUR JARDIN

Ces plantes veulent t'écrire
Toute notre affection
Pour ton courage, elles osent dire
Toute notre admiration.
Ces messagères soupirent
Après tes mains expertes en plantation.
À la vie qui triomphe, nous croyons
Au bout du tunnel, la lumière va luire.

COULEUR AMOUR

Ton Amour se déploie
Au-delà des vallées,
Au-delà des collines et des bois.
Pourtant tu as osé jeter
Ton Amour en moi,
Moi qui vis en pensée
Sous ton Amour, je ploie.
Je n'ai que des larmes à te donner
Amour, reste au creux de moi
Au plus profond de moi, l'espérance bâtit son toit
Comme une petite fille paisible et entêtée.

COULEUR CITE

Ces tours multicolores
Me crient encore et encore !
Leurs bras chauds m'enserrent
En leur sein, mon amour erre
Amour blessé, amour non-dit
Qui se déploie à l'infini
Sur la place de la Fontaine
La coupe peut déborder, pleine
L'élan n'en sera point brisé
Vers l'humanité déracinée.
Cet Amour s'étendra d'âge en âge
Il est d'amour et de rage.

LA NATURE EN FÊTE

LE MARCHE

Dans le marché éclatant de beauté
Fruits et légumes se disent bonjour en chantant.
Les salades de plein champ
Parlent de la culture raisonnée.
Tomates et poivrons repeignent le banc
Aux couleurs de l'été.
Les courgettes poussent leur chant
Vert profond ou nuancé ;
Chou-fleur, oignons, carottes, piments
Dans un brouhaha coloré
Se répondent gaiement
Le marché, de couleurs et d'odeurs est saturé :
Il a bien du talent.

ANNE-MARIE COURAGE ET FLEURS

Du bout des doigts elle caresse
Ses fidèles orchidées
Qui jamais ne la laissent.
Avec amour elle leur donne à manger.
Souvent avec tendresse
Elle leur parle : « Ne vous laissez pas aller ! »
Et les plantes se redressent
Obéissantes et dévouées
S'interdisant toute paresse.
Par leur courage, elle se sent revigorée.

LE JARDIN

Le chèvrefeuille descend en cascade
Le long du mur recomposé.
Pour les yeux, quelle régalade !
Les arbustes à floraison alternée
Allument des couleurs de jade
De pourpre et d'or entrelacées ;
Végélias et seringas sont à la parade
Althéas et albizzias jouent à se cacher
Jusqu'à ce que le printemps s'évade.
Figuier et prunier emmêlés chantent l'été.

LA SEMEUSE

À Piquebise, elle allait
Semant la graine
Au long de la haie.
Sur le chemin couleur de rouille
Elle s'en allait semer la citrouille.
Les oiseaux se régalaient
En laissaient quelqu'une à peine :
La petite pousse se montrait
Récompensant la semeuse de graines.

AU « GRAND LARGE »

Du « Grand Large »
Je contemple l'océan.
Au loin passe une barge
Emportée par son élan.
Soudain, l'océan se charge
De surfeurs virevoltant.
Sur mon cahier, à la marge
J'écris « il est puissant,
Profond et large
Il a des reflets dansants »

LA BASSE-COUR

Dans la basse-cour
Dame Guinée à la robe grise
Bavarde à contre-jour
Les poussins elle avise
Du haut de son col les entoure.
Apeurés, les petits veulent fuir cette emprise...
Le cochon rose à l'entour
Se prélasse dans sa remise.

LES PAGES JAUNES

J'ai des maisons plein la tête
Souvent je cherche des adresses
Et longue est ma quête.
Les fleurs, le soleil me caressent
Le printemps chante à tue-tête.
Les pages jaunes sont à la fête
Et remplissent mon tiroir-caisse.
En Mars, j'arpentais les trottoirs sans cesse.

ESQUISSES

LA BAROUDE

Au bord du tunnel
L'eau du torrent
Brode des dentelles
De glace et d'argent :
Que la combe est belle,
D'un blanc éblouissant !
Gaiement, les gens s'interpellent.
La Baroude est là, sur l'autre versant.
Le ruisseau chante le printemps
La neige n'est pas éternelle.
La montagne est pour le méritant :
La Baroude sera pour une aube nouvelle.

CARTE POSTALE DE TUNISIE

Bleu, blanc de Tunisie
Liberté, Paix.
Chante ce pays
Aux eucalyptus frais.
Le poisson est de saison :
Thon, saumon, rouget, espadon.
Les chevaux sur la plage
Donnent une note sauvage.

AU FOYER LAPEYRERE

Le blé descend de la colline
Tantôt vert, tantôt ivre d'été.
Les oiseaux se balancent sur les graines mutines.
Soudain te vient cette idée coquine :
Tu voudrais, aimé
Te baigner nu dans les blés.
Il en frémit à cette idée
Emporté déjà par la danse câline.

LES ASPHODELES

Les asphodèles
Tombées des ailes
Des anges de Germaine
Peuplent le sentier qui mène
À la forêt de Bouconne
Où la Paix se donne.
La quenouille de la bergère
S'effiloche sur cette terre.

MA MUSE

Page blanche
Page du dimanche.
Le crayon est en suspens
Il prend son temps.
Ma fille me dit « Entends ! »
J'écoute le cri de l'oiseau
Et me viennent les mots.
Ma fille, c'est ma muse du moment.

ODE A LA VIE

L'élan des corps
A brisé le cercle de la mort :
Tu es là, au creux de moi
Après de longs mois
Je te cherche enfin.
Tu me fais un signe de la main.
Violences, guerre, tuerie :
Petit, accroche-toi à la vie.

FUITE

Premier jour de printemps
Tu m'as souri
J'étais dans l'égarement
Et tu m'as guéri.
Toi si grand...
En gestes précis,
Tes cigarettes, tu vas les roulant.
Du renoncement
J'ai pris l'habit.
J'en appelle à l'infini.
Plus je vais m'éloignant
Plus ton ombre grandit.

MON BIEN AIME
LE VOICI
IL VIENT

CÈDRES DU LIBAN

Trois cèdres sont plantés dans le pré
Je pense à toi, Liban
Piétiné, confisqué, oublié,
Et pourtant si vivant.
Nos cœurs endurcis, fermés,
D'Occidentaux puissants
Par ton silence blessé
Tu vas les ouvrant.

PRINTEMPS EN JUDEE

Le printemps a bousculé l'hiver
Oiseaux, cigales, grillons sont à l'envers.
Sur la terrasse ensoleillée
S'épanouit le bougainvillier.
Ce soir, c'est la nativité
La pluie va arriver.
Près de la maison du pain
Au champ des bergers,
Autour du feu rassemblée,
Sous la tente de la rencontre
Où la joie se montre,
La création bat des mains
Acclamant le fils de Dieu
« Hosanna au plus haut des cieux ! »
La pluie est tombée
Le ciel a parlé.

LE PARDON

Mercredi ponctue la semaine
De sa virgule
Quelle aubaine !
Nous irons voir la pendule
Dans la maison qui égrène
Le temps en tentacule.
Mercredi grignote la semaine
De ses grosses mandibules.
Ce jour nous entraîne
Vers la fin de la haine
Et du pardon, chante la rengaine.

ENTRE LE DOUTE ET L'ESPÉRANCE

L'herbe craque de givre
Et allume des points
Dans le petit bois de pin.
Je tourne en rond
Portée par la méditation.
La nuit hésite
Le doute encore m'habite...
Le petit matin va vivre.

LE PAIN

Nous présentons aux oiseaux
Comme un royal cadeau
Le pain dans la corbeille.
Dans le froid nu
Ils viennent picorer menu.
Je me souviens des boules vermeilles :
C'était le repas des oiseaux.
Tout au long de la haie
Je plantais ma prière
Et ces moments d'éternité
Ont fait sauter les barrières.
Seigneur, donne-moi le pain de ce jour
Et fais-le pain d'Amour.

HOMME ET FEMME, IL LES FIT

Toi, moi, éparpillés
En hâte de nous prendre
Toi, moi, en mots éclatés
Qu'il est dur de nous entendre !
Toi, moi, orages fracassés
Quel chemin pour nous comprendre ?
Mais toi et moi en Cana retrouvés
Et Jésus, par son Amour, de nous reprendre.
Toi et moi et notre frère blessé
Oser marcher dans le tendre.
Toi et moi, petit foyer d'unité
Pour la Paix dans le monde va se répandre.

JOUR DE FÊTE

Le soleil brode au plafond
De merveilleux festons.
Grappes de la vigne, vigne en fleur
C'est, aujourd'hui le chant du Seigneur.
Les enfants jouent au ballon
Ballon rouge, ballon bleu, en procession.
La maison repeinte en bonheur
Retentit de joie au fil des heures.
Elle est bien là notre Suzon
Avec son sourire à profusion.
Elle habite toujours nos cœurs
Nous communiquant son ardeur.
Au joli mois du Cédon,
Elle a ferré un gros poisson :
Avec elle, restons en communion.

« LA POUSTINIA »

Ma « poustinia » avec Jésus
M'élève de plus en plus.
Le roc de la Calme surgit
Et me murmure » tu n'es pas finie »
Vers le lac des Bouillouses, je descends
Sur la pente raide en m'arc-boutant.
Vers les Airelles en chemin
Me disent bonjour les lupins.

MON BIEN-AIMÉ

Je suis l'aimante
Je suis la désirante
Toute tendue vers toi
Seigneur, ne m'oublie pas.
Les années ont passé
Le désir, point allé.
Je voulais t'offrir ma jeunesse
Veux-tu de ma vieillesse ?

GALERIE DE PORTRAITS

POUSSIÈRE D'ÉTOILE

Une étoile est tombée
Sur la terre abîmée.
S'est levé le voile
L'homme est comme l'étoile
De la même matière
C'est une poussière
Une poussière d'étoile.
Un homme est parti
Une étoile dans le ciel a frémi.

DES RETRAITES A LA CHÂTAIGNERAIE

Les châtaigniers sont là, simples et tranquilles
La nuit, le cri de la chouette m'alanguit
La nature m'entoure comme une île.
Gisèle m'emporte vers la vie
Moi qui suis versatile.
Une tranche de ta vie me saisit
Toi, mon semblable, ne te fais pas de bile.
Il jette comme un cri
Le temps qui file
Passé, présent défilent
S'envolent les soucis
Et je repars plus agile.

ODE A PAPET

Professeur émérite
Tu as eu le mérite
D'accompagner tes élèves
Tu assurais la relève.
Ton regard bleu
Parcourait le monde, heureux.
Tes voyages se faisaient conférences
Si belles et si denses.
Tu dévalais les pentes à ski
Souriant à tes amis.
Avec Mamet, tu as creusé profond
Cinquante ans de vie au diapason.
Papet, nous t'aimons.

ODE A JEAN-PIERRE

Avec ses photos, Jean-Pierre
Rendait le monde plus beau.
C'était comme une prière
Qu'il adressait au Très Haut.
Avec ses articles, en lignes fières
Brillantes comme des émaux
Il apportait sa pierre
Jouant avec les mots.
Fleurance, de toutes les manières
Chantait sa chanson en solo.
Cher beau-frère Jean-Pierre
La payse te tire son chapeau.

ODE A HÉLÈNE

Professionnelle accomplie
Tu as accompagné des gens en manque de vie.
Tu as renouvelé leur courage
Ils ont pu écrire une nouvelle page.
Ton implication dans les associations
A forcé notre admiration.
À la Ribère, le temps s'est arrêté
De petites fleurs émaillent le pré.
Grâce à tes mains expertes
La nature est toujours offerte
Par-delà les jours
Notre fraternité dure à toujours.

CLE-CLE

Mon enfant, ma déchirure
Je suis maladroite à t'aimer.
Je ravive la blessure
Au lieu de l'apaiser.
Tu peux paraître si dure
Mais c'est que je t'ai blessée.
Tu es belle comme une parure
Comme un matin d'été.

MIMI

Tu agis avec fermeté
Tu es carrée.
Tu es brillante
Tu es époustouflante.
Tu mets de l'ordre
Là où il y a le désordre
Tu m'as réchauffée comme un soleil
Tu as toujours été ma merveille.

ODE A ANDREA

Sur la verte colline
Sans arrêt elle trottine
Les brinces, elle ramasse
Une hirondelle passe.
Elle a entouré sa maison de fleurs
Elle a mis de l'ouvrage à son cœur
Malebric de toutes ses fenêtres lui souriait
Et la chienne au-dehors faisait le guet.
Chante le vent dans les marronniers
Et son chant l'a enfin pacifiée.

Direction d'ouvrage :
Association « Dialoguer en poésie »
15 rue de Sardac 32700 Lectoure

http://pierre.leoutre.free.fr/dialoguerenpoesie

et avec le soutien de l'Association « Le 122 »
15 rue Jules de Sardac 32700 Lectoure

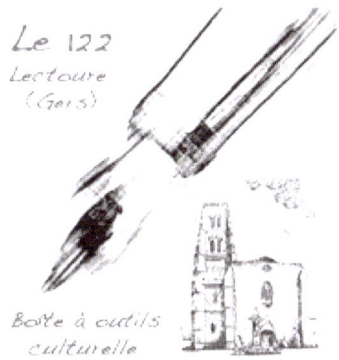

http://pierre.leoutre.free.fr

Éditeur :
Books on Demand GmbH,
12/14 rond-point des Champs Élysées,
75008 Paris, France

Impression :
Books on Demand GmbH, Norderstedt, Allemagne

ISBN : 9782810626953

Dépôt légal : janvier 2016

www.bod.fr